AF454513

CATALOGUE

DE

TABLEAUX

ANCIENS & MODERNES,

ET DE DESSINS DES DIFFÉRENTES ÉCOLES,

QUI SERONT VENDUS

HOTEL DES VENTES

RUE DES JEUNEURS, N. 42,

Salle n. 9,

LES VENDREDI 5 ET SAMEDI 6 MARS 1852,

A MIDI.

Par le ministère de Me BONNEFONS DE LAVIALLE,
Commissaire-Priseur, rue Choiseul, 11,

Assisté de M. GÉRARD, Peintre-Expert, impasse Mazagran, 6.

Chez lesquels se distribue le Catalogue.

Exposition Publique.

Le Jeudi 4 Mars 1852, de midi à cinq heures.

PARIS

IMPRIMERIE ET LITHOGRAPHIE MAULDE ET RENOU,

Rue des Fossés-Saint-Germain-l'Auxerrois, 14.

1852

AVERTISSEMENT.

Nous faisons imprimer le Catalogue de cette Collection, sur les Notes données par le propriétaire qui a conservé aux tableaux les attributions sous lesquelles il en a fait l'acquisition; si quelques unes paraissent errouées, nous nous empresserons de les rectifier lors de la vente.

CONDITIONS DE LA VENTE :

Elle sera faite au comptant.

Les acquéreurs paieront, en sus des adjudications, cinq centimes par franc, applicables aux frais de vente.

DÉSIGNATION

DES TABLEAUX.

1 — ADAM (Victor). Vaches au pâturage.

2 — ALBRIER. Jeune fille au bain, lutinée par les amours.

3 — BOUCHARDON. Martyre de saint Sébastien.

4 — BEGA. Intérieur flamand.

5 — BROWER (Adrien). Intérieur de tabagie flamande.

6 — BERRÉ. Bestiaux au pâturage.

7 — BELLANGÉ (Attribué à Hyppolite). Napoléon examinant les plans de campagne.

8 — Bronze d'art. L'Adoration des Mages.

9 — BARRY (bronze d'art). Une panthère.

10 — BOUCHER (François). La Nativité.

11 — BRIL (Paul). Paysage (gouache).

12 — BRUANDET. Joli paysage.

13 — BOUCHER (François). Tête de femme (pastel).

14 — Du même. Tête de jeune fille,   id.

15 — Du même. Pendant du précédent,   id.

16 — BACKUYSEN. Marine.

17 — BRUANDET. Paysage et bestiaux.

18 — BAPTISTE. Corbeille de fleurs.

19 — Du même. Pendant du précédent.

20 — Both et Baudouin. Paysage avec figures.

20 bis — Bomel. Paysage avec figures.

21 — Both et Baudouin. Fête champêtre.

22 — Both d'Italie. Paysage avec figures et chevaux.

23 — Du même. Paysage avec figures et bestiaux, pendant du précédent.

24 — Baptiste. Bouquet de fleurs dans un vase de cristal.

24 bis — Bonington. Paysages avec figures.

25 — Charlet. Invalides jouant aux cartes.

26 — Collignon (Jules). Marine.

27 — Coutant. Paysage.

28 — Ciceri père. Vue des bords de la Seine.

29 — Chardin. La Maîtresse d'école, grisaille.

30 — Calot (Jacques). Voyageur demandant son chemin.

31 — Coignart. Vache dans son étable.

32 — Chardin. Trompe l'œil, nature morte.

33 — Du même.   Id.   pendant du précédent.

34 — Court. Sainte Thérèse en prière.

35 — Coignard. Etude de paysage.

36 — Charpentier. La Bouillie.

37 — Charpentier. Le Curieux.

38 — Chardin. Le Garde-manger.

39 — Charlé (Henry). Paysage avec figures et bestiaux.

40 — Chavanne. Paysage avec figures.

41 — Du même.   Id.   id.

42 — COLLIGNON. Paysage, marine.

43 — DU MÊME.   Id.   id.

43 *bis* — CASANOVA. Cavalier après la victoire.

44 — DESSAINT. Paysages avec figures et bestiaux.

45 — DUPRESSOIR. Paysage.

46 — DUPRÉ (Jules). Intérieur breton.

47 — DROLING. Tête de jeune fille.

48 — DUPRÉ (Jules). Vue prise des bords de la Somme, Picardie.

49 — DU MÊME. Moulin de la Sologne.

50 — DE KOCK (Louis). Vue de Rouen.

51 — DUPLESSIS. Halte de Cavaliers.

52 — DU MÊME. Pendant du précédent.

52 *bis* — DESPORTES. Nature morte.

53 — ECOLE FLAMANDE. Combat naval.

54 — FRAGONARD (F.). Paysage avec figures et animaux.

55 — FORT. (Siméon). Le village de Boudri, près Neufchâtel.

56 — FRAGONARD. Paysage avec bestiaux.

57 — GRIFF (Genre de). Nature morte.

58 — GODEFROY. Etude de paysage.

59 — GODEFROY (Félix). Paysage coupé par une route.

60 — Gouache ancienne. Sujet mythologique.

61 — GÉRARD (B^{on}), Saint Jean-Baptiste et l'Enfant-Jésus.

62 — GILOT. Jeunes filles et jeunes garçons jouant à la jarretière.

63 — GUET. Tête de jeune fille.

64 — **Huysmans de Malines.** Paysage avec terrain éboulé.

65 — **Héda.** Nature morte, fruits et fleurs.

66 — **Hostein.** Vue prise aux environs de Rome.

67 — **Huysmans.** Paysage avec figures.

68 — **Inconnu.** Riche paysage.

69 — **Joyant.** Vue prise à Venise.

70 — **Jugelet.** Marine.

71 — **Du même.** Pêche à la morue.

72 — **Du même.** Vue prise aux environs de Rouen.

73 — **Jolivar.** Etude de paysage.

74 — **Inconnu.** Paysage avec figures et bestiaux.

75 — **Inconnu.** Id. id.

75 *bis* — **Inconnu.** Pendant du précédent.

76 — **Inconnu.** Portrait d'un jeune garçon.

77 — **Kerboé.** Le Chenil.

78 — **Lange (Janet).** Chevaux dans une prairie.

79 — **Latour.** Tête de jeune femme (pastel).

80 — **Lebas (Hyppolite).** Marine, effet de lune.

81 — **Laurence.** Le Billet doux.

82 — **Du même.** Le Réveil, pendant du précédent.

83 — **Lantara.** Paysage, effet d'hiver.

84 — **Du même.** Paysage avec rivière traversée par un pont.

85 — **Lecler des Gobelins.** Le Dîner champêtre.

86 — **Lagréné.** Pygmalion amoureux de sa statue.

87 — **Largillière.** Portrait d'homme du temps de Louis XIV.

88 — **Du même.** Portrait de femme.

89 — **Lessor (Emile).** Paysage, vue d'une ferme.

90 — **Lefèvre Robert.** Tête de jeune garçon.

91 — Du même. Tête de jeune fille.

92 — Leconte (Hyppolite). Episode de la guerre d'Egypte.

93 — Ledoux (Mme). Enfant jouant avec des cartes.

94 — Malbranche. Effet de neige.

95 — Mignard. Tête de jeune femme du temps de Louis XIV.

96 — Michel Ange des Batailles. Fleurs et fruits.

97 — Malbranche. Effet de neige.

98 — Du même. Pendant du précédent.

99 — Trois toiles sur châssis. Fleurs et fruits.

100 — Michel Ange des Batailles. Fleurs et fruits.

101 — Mignard. Portait de Louis XIV.

101 *bis* — Mignard. Tête de jeune femme.

102 — Nattier. Portrait de Pierre-le-Grand.

103 — Nattier. Portrait de Mme de Parabère, maitresse du régent.

104 — Oudry. Le Club en plein vent.

105 — Peters (Bonaventure. Marine.

106 — Pau de Saint-Martin. Paysage avec figures.

107 — Du même. Paysage avec bestiaux et figures.

108 — Du même. Paysage.

109 — Porbus (Genre de). Portrait d'Agnès Sorel.

110 — Potter (Paul). Bestiaux au pâturage.

111 — Perrot (F.). Marine, pleine mer.

112 — Ramelet. Paysage coupé par une rivière.

113 — Robert (Hubert). Paysage, jeune fille puisant de l'eau.

114 — Robertson. Tête de jeune anglaise.

115 — RUHIÈRE. La Serrure ferrée.

116 — RICOIS. Vue prise en Suisse.

117 — ROUSSEAU (Théodore). Paysage avec figures.

118 — ROQUEPLAN (D'après). Le Four à plâtre.

119 — RENOUX. Intérieur d'un monastère en ruine.

120 — RUBENS. Tableau sur cuivre.

120 *bis* — DU MÊME. Pendant du précédent.

121 — REMBRANDT (Genre de). Tête d'homme.

122 — SCALKEN (Genre de). Le Réveil, effet de lumière.

122 *bis* — Sainte-Famille.

123 — SCHALL. Tête de jeune femme.

124 — SAUVAGE. La Peinture. Grisaille.

125 — SCOTTER. Jolie marine.

126 — SALVATOR ROSA. Scène de brigands dans une caverne.

126 *bis* — SEGHERS (Daniel). Le Repos de la Sainte-Famille.

127 — TENIERS. Causerie flamande.

128 — TITIEN. Jupiter et Léda.

129 — VALENTIN. La Leçon de musique.

130 — VERNET (Joseph). Marine, soleil couchant.

131 — VALIN. Jeune nymphe endormie.

132 — DU MÊME. Portrait du général Lafayette.

133 — VAN DER POEL. Incendie d'un brick, effet de lumière.

134 — VIARD. Paysage, entrée de forêt.

135 — VENIX. Chiens sur un tertre.

136 — VALAYÉ COSTER. Un pot de giroflée printanière.

137 — VANLOO. Portrait de Latour.

138 — VAN DER NÉER. Marine, effet de lune.
139 — VAN DYCK. Un Christ en Croix.
140 — CHARTIER. Portrait de Boilly.
141 — FRANCESCO VANI. La Vierge et l'Enfant-
      Jésus.
142 — INCONNU. Miniature ancienne.
143 — INCONNU. Portrait de Vanloo.
144 — INCONNU. Bestiaux au pâturage.

[illegible]
[illegible]
[illegible]
[illegible]

[illegible]
[illegible]
[illegible]

DÉSIGNATION

DES AQUARELLES

DESSINS ET PASTELS.

—

1 — ALAUX. Paysage avec chapelle sur le bord
d'un chemin. Sépia.

2 — ANTONIN MOINE. Marine avec embarcations.
Pastel.

3 — BOULANGER (Louis). Cavalier enlevant une
jeune fille. Aquarelle.

4 — BEAUMONT (Edouard). Jeune pâtre en contemplation. Aquarelle.

5 — BOURGEOIS. Eglise de Bougival. Aquarelle.

6 — BERTIN. Paysage coupé par une rivière.
Aquarelle.

7 — BOILLY. L'Envie. Dessin.

8 — BOUCHER. Les joies d'une jeune mère. Aux
deux crayons.

8 bis — DU MÊME. Pendant du précédent. Aux
deux crayons.

9 — BOUQUET. La Californie et les chercheurs
d'or. Pastel.

10 — BELLANGÉ (Hyppolite). Chasseur de la garde
impériale corrigeant un juif. Aquarelle.

11 — BRUANDET. Intérieur de forêt avec figures. Gouache.

12 — RAUME. Grenadier en tirailleur protégeant un convoi. Aquarelle.

13 — BOYS. Une prise en Angleterre. Aquarelle.

14 — BEAUMONT (Édouard). Un homme qui demande de l'activité. Aquarelle.

15 — BOUCHER. La savaneuse. Dessin.

16 — BELLANGÉ (Hyppolite). Général républicain à la tête d'un corps d'armée. Aquarelle.

17 — BOUCHER. L'hiver, Amour mettant des patins. Dessin.

18 — BADIN. Quatre dessins à la plume dans un même cadre, d'après Greuze.

19 — BELLANGÉ (Hyppolite). Hussard de la mort. Dessin.

20 — BOILLY. Deux têtes de jeunes filles dans le même cadre. Dessin.

21 — BRUNE. Paysage avec habitations et rivière. Aquarelle.

22 — CICÉRI (Eugène). Le pont de bois. Sépia.

23 — CHASSELAT. Napoléon à la Malmaison. Sépia.

24 — CANON. L'heureuse nouvelle. Aquarelle.

25 — CHARLET. Le maire de campagne. Sépia.

26 — CHAMPIN. Intérieur de forêt coupé par un ruisseau. Aquarelle.

27 — CICÉRI (Eugène). Plage à marée basse, avec bateaux et figures. Aquarelle.

28 — CHARPENTIER. Le petit balayeur. Dessin.

29 — CLERGET (Hubert). Intérieur de village. Sépia.

30 — CHARLET. Épisode de l'empire. Mine de plomb.

31 — DU MÊME. Les Girondins. Mine de plomb.

32 — INCONNU. Bouquet de mauve. Aquarelle.

33 — COIGNET (Jules). Paysage, intérieur de forêt. Mine de plomb.

34 — DU MÊME. Massif d'arbres. Mine de plomb.

35 — DU MÊME. Vue d'un monastère. Pastel.

36 — CARMONTEL. Jeune femme faisant une recommandation. Dessin aux trois crayons.

37 — COYPEL. Vestale. A l'encre de Chine.

38 — CARRACHE. La Vierge et l'Enfant-Jésus. Au bistre.

39 — DAVID (Louis). Une promenade à Versailles. Aquarelle.

40 — DUPLESSIS-BERTAUX. Port d'Aboukir. Dessin à la plume.

41 — DECAMPS. Une mendiante. Dessin.

42 — DEMARTEAU. Jeune femme endormie. Dessin.

43 — DECAMPS. Souvenir de la Syrie, paysage. Dessin.

44 — DU MÊME. Les trois bretons (fable). Dessin.

45 — INCONNU. Joli dessin indien. Aquarelle.

46 — DESMOULINS. La procession arrêtée à un reposoir. Sépia.

47 — DEVÉRIA. Les bâtons de vieillesse. Aquarelle.

48 — DE DREUX (Alfred). Cavalier subissant le choc d'un cheval entier. Mine de plomb.

49 — DUPRESSOIR. Paysage avec figures. Aquarelle.

50 — DUCREY. Portrait de Buffon. Dessin.

51 — DURAND-BRAGER. Combat naval. Dessin.

52 — FOREST (E.). Le départ pour le marché. Aquarelle.

53 — DU MÊME. Le grand-père. Aquarelle.

54 — FLEURY (Robert). Réception d'un chevalier. Aquarelle.

55 — FOUQUET. Paysan endormi devant sa maison. Aquarelle.

56 — FIELDING (Newton). Marine avec embarcations. Aquarelle.

57 — FEICHEL. L'amoureux de village. Aquarelle.

58 — FRAGONARD. Jeune fille dessinant. Sanguine.

59 — FAUVELET. Le paon, le martin-pêcheur. Deux aquarelles.

60 — FINARD (D.). Hussard de l'empire. Aquarelle.

61 — FRAGONARD. Paysage avec figures. Sanguine.

62 — DU MÊME. Paysage traversé par un pont. Sépia.

63 — FORT (Siméon). Intérieur de forêt avec chasseur. Sépia.

64 — GIOVANI. Jeune femme à la torture. Aquarelle.

65 — GIRARD. Vue prise à Rome. Sépia.

66 — GIOVANI. Intérieur de corps de garde. Aquarelle.

67 — DU MÊME. Tentation de Saint-Antoine. Aquarelle.

68 — GREUSE. Tête de jeune fille. Dessin.

69 — GÉRICAULT. Diligence lancée au galop. Sépia.

70 — DU MÊME. Etude de cheval, dans le coin se voit le croquis de son chasseur. Aquarelle.

71 — GIRODET (Trioson). Janissaire. Dessin.

72 — GILIO. Intérieur de la cathédrale de Rouen. Aquarelle.

73 — GRANET. Vue de l'arc Constantin à Rome. Aquarelle.

74 — GRENIER. Napoléon au bivouac d'Austerlitz. Aquarelle.

75 — GIRAUD (E.). La sérénade italienne. Cette aquarelle est gravée dans l'Artiste.

76 — GRANVILLE. Le séducteur. Aquarelle.

77 — GIRODET. Portrait d'un conventionnel. Dessin.

78 — GIRARD. Paysage traversé par une route. Sépia.

79 — GRANVILLE. Le lutrin. Dessin à la plume.

80 — GÉRICAULT. Cheval à l'écurie. Dessin.

81 — GUÉRIN. Le général Kléber. Aquarelle.

82 — HERVIER. Intérieur de marché. Aquarelle.

83 — HUBERT. Etude de paysage. Sépia.

84 — HILDEBRANDT. Pécheurs à la ligne sur le bord d'une rivière. Aquarelle.

85 — ORSCHEVILLERS (Hyppolite d'). Bestiaux au pâturage. Apuarelle.

86 — HUET (Jean-Baptiste). Paysage avec figures. Aquarelle.

87 — H. F. F. Vue de la cathédrale de Palerme. Jolie aquarelle.

88 — HOGUET. Falaises. Aquarelle.

89 — DU MÊME. Barque à marée basse. Aquarelle.

90 — JONHSON. La Sainte-Famille.

91 — ISABEY. Portrait d'Hubert Robert, peintre, Superbe dessin. (On y joint la gravure).

92 — INGRES. Portrait du duc d'Orléans. Dessin.

93 — JEANRON. Un doge. Dessin.

94 — LAUTERS. Paysage avec figures. Aquarelle.

94 bis. — LEMERCIER (Charles). Paysage traversé par une rivière. Sépia.

95 — LENFANT (de Metz). Le marchand d'esclaves. Aquarelle.

96 — LEDOUX (Mlle, retouché par Greuze). Tête de jeune garçon. Sanguine.

97 — LAFONTINELLE. Vue prise à Thiers. Mine de plomb.

98 — LANCRET. La sérénade. Sanguine.

99 — LEBRUN (Mme). La peinture, la musique et la poésie. Dessin.

100 — LAFONTINELLE. Vallée de Royat (Puy-de-Dôme). Mine de plomb.

101 — LEPRINCE. Tête de jeune fille dans un très joli cadre sculpté.

102 — LESSOR (Emile). Intérieur de village. Aquarelle.

103 — LOUTHERBOURG. La petite fermière. Gouache.

104 — LÉPICIÉ. Volontaire de la République. Sanguine.

105 — LELONG. Nature morte. Gouache.

106 — DU MÊME. Pendant du précédent. Gouache.

107 — LANCRET. Le devin de village. Joli dessin.

108 — LELEUX (Adolphe). Enfants bretons jouant aux billes. Dessin.

109 — LEPRINCE. Jeune femme portant son enfant. Dessin au bistre.

110 — LUNA (Charles de). Course au Champ-de-Mars. Aquarelle.

111 — LEPRINCE. La contemplation. Dessin.

112 — LANTARA. Paysage coupé par une rivière. Dessin.

113 — MARTIN (Paul). Extérieur d'église. Aquarelle.

114 — DU MÊME. Port de Marseille. Aquarelle.

115 — DU MÊME. Un croisé. Aquarelle.

116 — MALLET. Les deux amies à l'étude, la gravure est derrière le cadre. Gouache.

117 — MONNIER (Henry). Capitaine d'infanterie de ligne en tenue de voyage. Aquarelle.

118 — MADOU. Dispute dans l'intérieur d'une taverne. Aquarelle.

119 — MONPEZAT. La chasse au faucon. Aquarelle.

120 — DU MÊME. Cheval de combat blessé. Aquarelle.

121 — Du même. Le traîneau. Aquarelle.

122 — Magnès. La sortie du bain. Pastel.

123 — Murillo. Assomption de la Vierge. Dessin.

123 bis.   Inconnu. Marine hollandaise. Aquarelle.

124 — Numa. Baigneuses. Dessin.

125 — Nicolle. Vue de Rome.

126 — Du même. Ruines d'un château à Rome.

127 — Du même. Vues du temple de la Concorde et des ponts des Célestins et de Sainte-Marie. (Deux charmants dessins aquarelles de ce maître dans un même cadre).

128 — Norblin. La sortie du théâtre (effet de lumière). Dessin au bistre.

129 — Paris. Moutons au pâturage. Aquarelle.

130 — Pastelot. La marchande de pommes. Aquarelle.

131 — Prud'hon. Songe de Properce. Dessin.

132 — Du même. Pendant du précédent. Dessin.

133 — Pater. Un gentilhomme. Sanguine.

134 — Prud'hon. Académie de femmes. Dessin.

135 — Du même. Pendant du précédent, académie d'hommes. Dessin.

136 — Palmerius. Marine et paysage.

137 — Du même. Pendant du précédent.

138 — Rousseau (Th.). Eglise de campagne. Mine de plomb.

139 — Raffet. Hussards escortant une batterie. Dessin.

140 — Rothenamer. Le jugement dernier. Dessin.

141 — Rudder (de). Bélisaire. Pastel.

142 — Du même. Un ermite. Pastel.

143 — RAFFET. La charrette du moissonneur. Joli
pastel.

144 — DU MÊME. Le galant troupier. Aquarelle.

145 — ROQUEPLAN (Camille). La conversation. Dessin.

146 — DU MÊME. Le doux propos (la lithographie se
trouve derrière). Sépia.

147 — ROBERT HUBERT. Une fontaine à Rome. Aquarelle.

148 — RUDDER (de). Jésus portant sa croix. Sanguine.

149 — SAINT-AULAIRE. Entrée d'un port. Sépia.

150 — SMITH (attribué). Mendiant aveugle. Aquarelle.

151 — STÉEN (Jean). Scène d'intérieur. Aquarelle.

152 — SICARDI. Paillasse jouant de la guitare. Sépia.

153 — DU MÊME. La bonne fortune. Dessin.

154 — DU MÊME. Le petit joueur d'orgue. Sépia.

155 — SWEBACH. Choc de cavalerie avec l'infanterie. Dessin au bistre.

156 — TESSON. Frère et sœur. Aquarelle.

157 — TENIERS. Joueurs de cartes. Dessin à la plume
d'une grande finesse.

158 — Trompe-l'œil. Dessin à la plume très fin.

159 — WATTIER (Emile). Le rendez-vous.

160 — WYLD (Williams). Eglise de la Madona della
salute, à Venise. Aquarelle.

161 — WATTEAU. Une jeune dame. Sanguine.

161 bis. — DU MÊME. Pendant du précédent, un
paillasse. Sanguine.

162 — VAN DER MEULEN. Louis XIV partant pour la chasse. Dessin à la plume et au bistre.

163 — WYLD (Williams). Vue d'une rue à Venise. Dessin.

164 — VERNET (Horace). Napoléon inspectant une revue. Aquarelle.

165 — VAN DER BURCH. Paysage avec figures traversé par une rivière. Aquarelle.

166 — VÉRONÈSE (d'après Paul). Les noces de Cana. Aquarelle.

167 — WATTEAU (de Valenciennes). Attaque d'une forteresse. Dessin.

168 — VERVEER. Vue extérieure d'un château fort. Aquarelle.

169 — WATTELET. Paysage pris en Suisse, coupé par une rivière. Aquarelle.

170 — VERNET (signé Horace). Un dimanche à la barrière. Sépia.

171 — WATTIER (Emile). Une causerie, composition de Watteau. Pastel.

172 — VALIN. Une bacchante. Pastel.

173 — WYLD (Williams). Vue du canal de Venise. Dessin.

174 — WITT (fils). Défense d'une batterie. Dessin.

175 — VILLERET. Vue de l'Assemblée nationale et du pont. Aquarelle.

176 — VAN DER MEULEN. Rentrée du conquérant. Dessin au bistre.

Paris. — Imp. et Lith. MAULDE et RENOU, rue des Fossés Saint-Germain l'Auxerrois, 14.   2332

www.ingramcontent.com/pod-product-compliance
Lightning Source LLC
LaVergne TN
LVHW012134170726

843501LV00008BC/3188